AF285202

ISM Working Paper No. 14

Lina Holthaus; Carmen Horn;
Jens K. Perret

E-Commerce im Luxusmarkensegment Die Sicht deutscher Kundinnen am Beispiel Chanel

Holthaus, Lina; Horn, Carmen; Perret, Jens K.: E-Commerce im Luxusmarkensegment – Die Sicht deutscher Kundinnen am Beispiel Chanel

Herstellung: BoD – Books on Demand, Norderstedt
ISBN 978-3-7526-3022-0
ISSN 2627-4868

ISM - International School of Management gGmbH
Otto-Hahn-Str. 19 · 44227 Dortmund
www.ism.de
Tel.: 0231.975139-0 · Fax: 0231.975139-39
ism.dortmund@ism.de

Holthaus, Lina; Horn, Carmen; Perret, Jens K. (2020): E-Commerce im Luxusmarkensegment – Die Sicht deutscher Kundinnen am Beispiel Chanel, Dortmund und Norderstedt, BoD – Books on Demand. (Working Paper ; 14)
ISBN 978-3-7526-3022-0

Inhaltsverzeichnis

Abbildungsverzeichnis

Tabellenverzeichnis

Abstract

Digitalization is a set part of today's society and even luxury brands feel the increasing need of a digital presence. More than half of all consumers of luxury goods buy them online on a regular basis.

The luxury fashion brand Chanel still abstains from offering their most important items in their portfolio online: fashion, jewelry and watches.

In thus study the question is considered how consumers of luxury products perceive the increasing digitalization in the luxury sector and whether Chanel can remain successful with sticking to ist current strategy.

The results of an empirical study reveal that as well for current Chanel customers as for future customers a strong antipathy against the increasing digitalization of luxury brands persists and they expect a critical loss in exclusivity.

1 Einleitung

Digitalisierung und der daraus resultierende Online-Handel bieten für Luxusmarken neue Möglichkeiten mit ihren Kunden in Kontakt zu treten, aber auch die Möglichkeit neue Kunden zu erreichen. Alleine in den USA werden Kunden in den nächsten Jahren voraussichtlich 20% bis 30% ihrer Gesamtausgaben online aufwenden (vgl. Boston Consulting Group 2016).

Umso schwieriger ist es für Luxusmarken einen einheitlichen Markenauftritt im Multi-Channel-Retail zu generieren sowie die Attribute, für die Luxus steht, auch online zu bewahren (Kapferer 2015; Manninger 2012). Luxus ist eine Philosophie und Kultur, die von Marken verstanden werden muss, bevor es in ein Geschäftsmodell umgewandelt werden kann. Die Komplexität und Leistung von Luxusgütern unterscheidet diese von Gütern, die dem täglichen Bedarf dienen. Aus diesem Grund erwarten die Kunden auf allen Ebenen einen exzellenten Service, sowie einzigartiges Customer-Relationship-Management (Okonkwo 2009: 304; Meurer/Hirschsteiner 2012).

Der Onlinehandel von Luxusmarken wird durch die Massenzugänglichkeit des Internets erschwert, welche den Erhalt der Exklusivität und des Begehrens der Marke beeinträchtigt. Der Kunde besitzt online die alleinige Kontrolle, was zu Widerstand und Sorge bei den Luxusmarken führt. Des Weiteren werden die Marken vor die Herausforderung gestellt, dass durch den Onlinehandel der Druck an ansteigenden Verkaufszahlen wächst, während es essentiell ist, eine limitierte Anzahl an Gütern zu vertreiben, um das Image einer exklusiven Luxusmarke nicht zu beschädigen (Okonkwo 2009: 304; Kapferer/Bastien 2012)

Andererseits zwingen die sich schnell entwickelnde Technologie sowie Verkaufs- und Marketingtrends Luxusmarken in den Onlinehandel (Boston Consulting Group 2016). Neben den beschriebenen Problemen, verzeichnen sie dadurch einen wirtschaftlichen Erfolg, welcher sich in steigenden Umsätzen und Wachstum niederschlägt (Okonkwo 2009: 304; Manninger 2012). Selbst die Marke Céline aus dem Hause LVMH, welche lange keinen Online-Verkauf seiner Produkte angeboten hat, ist seit wenigen Jahren mit einem E-Commerce-Auftritt für den Konsumenten präsent (Ecommerce News 2017).

Das Unternehmen Chanel verzichtet bis heute auf eine integrierte Onlinehandel Strategie und vertreibt Parfüm, Make-Up und Pflege über die Online-Boutique, während Mode und Schmuck und Uhren weiterhin ausschließlich stationär zu erwerben sind (CHANEL 2019).

Das Ziel der vorliegenden Untersuchung besteht darin die Konsumentenperspektive, hinsichtlich des Themas E-Commerce im Luxusmarkensegment, herauszuarbeiten, wobei der Fokus primär auf der Marke Chanel liegt, die aktuell als letzte der erfolgreichen und bekannten Luxusmarken noch über keinen voll integrierten Onlinehandel verfügt.

Auf Basis einer empirischen Erhebung, welche die Erwartungen der Generationen Babyboomer, X und Y herausstellt, wird untersucht, ob Chanel den Schritt in Richtung eines vollintegrierten Onlinehandels wagen soll, oder ob die Marke ihre derzeitige hybride Strategie beibehalten sollte. Die Ergebnisse sind nicht nur für Chanel relevant, sondern können auch für Luxusunternehmen im Allgemeinen wichtige Handlungsempfehlungen generieren.

Um die Zielsetzung der Untersuchung zu erfüllen wird im zweiten Kapitel zunächst eine Basis geschaffen, in der eine Definition für Luxusmarken und die Luxusindustrie erarbeitet wird um danach auf die Problematik des Onlinehandels einzugehen. Hierauf aufbauend wird die Marke Chanel vorgestellt, die die Basis für die vorliegende Untersuchung liefert.

Zur Beantwortung der zugrundliegenden Forschungsfrage wurde eine quantitative Befragung durchgeführt, ausgewertet und analysiert. Im dritten Abschnitt wird die verwendete Methodik dargelegt

Anschließend erfolgt die Analyse, in welcher die erhobenen Daten hinsichtlich der Fragestellungen analysiert werden.

Die Studie schließt im fünften Kapitel mit einem Fazit und einer Darstellung der Limitationen und Optionen, die sich im Rahmen der vorliegenden Arbeit ergeben.

2 Luxus und E-Commerce

2.1 Luxusmarkensegment

Auch heutzutage herrscht noch keine Einigkeit über die Definition, sowohl in Praxis, als auch in der Forschung (Berghaus et al. 2014: 5) vor was eine Luxusmarke ist.

Es gibt in der Literatur verschiedene Erklärungsansätze, welche sich auf unterschiedliche Sichtweisen oder Bezugsobjekte berufen, beispielsweise die Abstammung des Begriffs. Luxus kann aus den lateinischen Wörtern „Lux" (Helligkeit oder Licht) oder aber „Luxuria" (Verschwendung) stammen (Büttner 2008: 8). Man kann das Wort Luxus demnach als positiven Begriff deuten im Sinne von etwas Besonderem und Außergewöhnlichem, aber auch als negativen Begriff, der das Verschwenderische und den Überfluss aufgreift (Wyrwa 2003: 49).

Bei Luxusgütern wird in der Literatur häufig auf die maßgebende Rolle von Marken eingegangen. Demnach ist der symbolische Nutzen eines Produktes höher als sein funktionaler Nutzen (König/Burmann 2012). Luxusmarken verfügen dadurch über die Möglichkeit ihre Markenidentität auf die Produkte zu übertragen (Berghaus et al. 2014: 5 ff).

Während das Wort Luxusgut verwendet wird, um bestimmte Produktkategorien zu beschreiben, wird das Wort Luxusmarke innerhalb einer Produktkategorie verwendet, um die Position eines bestimmten Produktes innerhalb dieser Kategorie hervorzuheben (Glaser 2010: 12).

Der folgende Ansatz basiert auf der Studie von (Dubois et al. 2001) und charakterisiert die sechs Eigenschaften einer Luxusmarke:

1. Sehr hoher Preis
2. Exzellente Qualität
3. Einzigartigkeit
4. Ästhetik
5. Historie
6. Nicht-Notwendigkeit

Für den Konsumenten bedeutet in diesem Fall der Kauf eines Luxusproduktes gleichzeitig das Streben nach Status, Zugehörigkeit und Prestige (Dubois/Duquesne 1993: 43). Das Luxusprodukt entwickelt dadurch einen Zusatznutzen, denn alle sechs Merkmale kombiniert generieren einen idealen Nutzen für den Verbraucher. In diesem Sinne ist eine Luxusmarke ein Zusammenschluss aus bestimmten Nutzenwerten, welche ein gehobenes Image im Kopf der Konsumenten generieren. Der wahrgenommene Nutzen ist in erster Linie ein Wunschbild von einer Luxusmarke, das zu einem größeren

Gesamtnutzen für den Konsumenten wird. Daher kreiert eine Luxusmarke ein Verlangen, das in der Bereitschaft einen sehr hohen Preis zu zahlen, resultiert (Valtin 2005: 30).

2.2   E-Commerce von Luxusmarken

Aufgrund der rapide steigenden Umsatzzahlen des E-Commerce, ist es für Luxusmarken heutzutage unumgänglich dies zu berücksichtigen und sich ebenfalls online zu positionieren (Rotar 2020). Weltweit ist der Umsatz für persönliche Luxusgüter von 3,3 Mrd Euro in 209 auf 33,3 Mrd Euro in 2019 gestiegen, was bedeutet, dass ca. 12 % des Gesamtmarkts auf Umsätze im Internet fallen (D'Arpizio et al. 2019). Konsumenten haben im heutigen Zeitalter aber auch online eine hohe Erwartung an die Präsenz der Marken (Chevalier/Gutsatz 2020; Sherman 2020).

Immer mehr Luxusmarken erkennen die Notwendigkeit eines digitalen Auftritts. Sie realisieren, dass eine Präsenz im digitalen Bereich essentiell ist, um den Luxuskonsumenten von morgen anzusprechen (Boston Consulting Group 2016).

Für die Marken ist es von hoher Bedeutung das digitale Kaufverhalten des Luxuskonsumenten zu erforschen und zu verstehen, um eine entsprechende Strategie zu implementieren. Eine Untersuchung von (McKinsey & Company 2015) zeigt, dass 75% aller Luxuskäufe davon beeinflusst sind, was die Konsumenten online an Informationen erhalten, auch wenn der schlussendliche Kauf im stationären Handel stattfindet. Das neue Erlebnis des Luxushandels findet heutzutage hauptsächlich online statt. Die Frage, die sich für Luxusmarken stellt, ist nicht mehr ob der Onlinehandel implementiert werden sollte, sondern wie. Dafür muss das komplexe Kaufverhalten des neuen Luxusmarkenkonsumenten verstanden werden.

Luxusmarken müssen vor allem auf eine Multi-, sowie die die erweiterte Omnichannelstrategie setzen, denn nahezu alle Luxuskonsumenten besitzen ein Smartphone. Weltweit liegt der Durchschnitt bei 95%, während er in einigen Ländern sogar bei 100% liegt. Hinzukommend besitzen 75% der Luxuskonsumenten mehr als ein mobiles Gerät (McKinsey & Company 2015).

Die hohe Relevanz von mobilen Endgeräten für Luxusmarken ergibt sich durch die ständige Verfügbarkeit der Konsumenten. Daher sind Luxusmarken gezwungen auf das veränderte und dynamischere Konsumentenverhalten zu reagieren (McKinsey & Company 2015).

Eine Studie der Boston Consulting Group belegt, dass rund 80% der Verbraucher eine Omnichannel Interaktion erwarten. Die Konsumenten erwarten ein Rund-um-Erlebnis, dass einheitlich auf allen Kanälen integriert ist. Erwartet wird beispielsweise ein integrierter Lieferservice (31% der Befragten), die gleichen Angebote (24%), sowie ein einheitliches Markenauftreten über alle Kanäle hinweg (22%), (Boston Consulting Group 2016).

Eine Deloitte Studie zeigt, dass 58% der Verbraucher häufig ihre Luxusprodukte online erwerben. Bis 2025 werden voraussichtlich ein Viertel aller Luxuskäufe online stattfinden und die Generationen Y und Z werden 45% der weltweiten Luxusausgaben umsetzen (Sherman 2017).

Luxuskonsumenten haben extrem hohe Erwartungen und Marken, die diesen nicht standhalten können, bleiben langfristig nicht wettbewerbsfähig. Marken müssen verstehen, wie die Digitalisierung den Luxusgütermarkt verändert, denn lediglich stationärer Handel oder traditionelles Marketing ist aus Verbrauchersicht überholt.

Insgesamt gilt es zu verstehen, dass der Fokus im Onlinehandel bei Luxusmarken darin liegt, dem Konsumenten ein ganzheitliches Erlebnis zu bieten (Boston Consulting Group 2016).

Um die Relevanz von E-Commerce für die Marke Chanel nachvollziehen zu können, ist es essentiell die Geschäftsphilosophie und die Historie aus der sich diese Philosophie ergibt, detailliert darzustellen.

2.3 Chanel

Chanel ist ein privates Unternehmen im Bereich der Kreation, Entwicklung, Herstellung und dem Vertrieb von Luxusprodukten. Gegründet von Gabrielle Chanel zu Beginn des letzten Jahrhunderts (Dunkel 2019: 90 ff), bietet Chanel heute ein breites Spektrum an High-End Kreationen, inklusive Ready-to-Wear Mode, Lederwaren, Accessoires, Parfüm, Makeup, Pflegeprodukte sowie Uhren und Schmuck. Chanel ist des Weiteren bekannt für seine Haute Couture Kollektionen, die halbjährlich in Paris vorgestellt werden. Chanels Markenwerte bauen auf seine historische Gründungsgeschichte auf.

Zum Ende des Jahres 2018 beschäftigt Chanel über 25000 Mitarbeiter weltweit mit einem Umsatz von 11 Milliarden US-Dollar im Jahr 2018 (CHANEL 2019). Chanel ist nach Louis Vuitton die wertvollste Luxusmarke der Welt (Interbrand 2019) und die sechst-größte Marke hinsichtlich Umsatz (Deloitte 2019). Das Unternehmen befindet sich im Besitz der Familie Wertheimer und ist somit unter den umsatzstarken Luxusmarken eines der wenigen unabhängigen Familienunternehmen (Denis 2019).

In einer Übergangzeit nach dem Tod Coco Chanels, in welcher Chanel sich überwiegend durch den Verkauf des Parfüms Chanel No.5 und Bekleidungslizenzen über Wasser hält, wird 1983 Karl Lagerfeld als Chefdesigner eingestellt und wird zum neuen Aushängeschild der Marke Chanel . Die Kombination aus Produkten für den Massenmarkt und exklusiver Haute Couture Mode half Chanel zu einer der größten Luxusmarken der Welt zu werden (Williams 2019: 18 f). Dieses pyramidenartige Geschäftsmodell wird in ähnlicher Form bis heute von vielen großen Luxusmarken angewendet (Kapferer/Bastien 2012).

Die Luxusmodemarke Chanel legt in seiner Kommunikationsstrategie einen hohen Wert auf den Bezug zur Gründungsgeschichte des Unternehmens in Form von klassischen Werbemaßnahmen wie Werbefotos oder Kollektionsvorstellungen (Lagerfeld/Mauriès 2018).

Um in der Zukunft wettbewerbsfähig zu bleiben spricht Chanel mit seiner Kommunikationspolitik jüngere Zielgruppen an. Zwar liegt das Durchschnittsalter der Konsumenten von Luxusgütern in den USA bei über 47 Jahren, so werden die Werbestrategien in der Fashionbranche jedoch von Jugendlichkeit angetrieben (Sherman 2017). Bis 2025 wird laut einer Studie von Bain&Company erwartet, dass Millenials und die Generation Z bis zu 55% des globalen Marktes für Luxusgüter umsetzen werden (Bain & Company 2018). Daher setzt Chanel auch bei den Markenbotschaftern auf die Generation Y und Z, wie Lilly-Rose Depp, Willow Smith oder Cara Delevigne, um den Einfluss auf die potentielle Zielgruppe zu erhöhen (Sherman 2017).

Chanels ausbauende Omnichannel Strategie beinhaltet einen starken Social Media Auftritt. Derzeit sind 22 Millionen Facebook Nutzer mit dem Profil von Chanel vernetzt. Auf Instagram, wo Medien von den extravaganten Modeschauen oder Kollektionsvorstellungen zu finden sind, wird Chanel von 35,5 Millionen Followern abonniert (Stand Juli 2019) (White/Denis 2017). Dabei setzt Chanel weiterhin auf seine Markenbotschafter, aber auch auf die aufstrebenden Influencer in den sozialen Netzwerken, wie Jeffree Star, um Aufmerksamkeit in den aufstrebenden Netzwerken zu generieren. Die Herausforderung im Social Media Marketing liegt für Chanel darin, den Nutzern, die sich auf den Plattformen ihre eigene Vision der Marke Chanel erstellen, die Markenvision und -botschaft des Unternehmens zu vermitteln. Dabei gilt es den ganzheitlichen Markenauftritt nicht zu verzerren und die Authentizität damit zu gefährden (Sherman 2017).

Als tragende Rolle in einer Luxusmarkenstrategie hat die Distributionspolitik eine hohe Bedeutung. Für den Kunden ist beim Kauf eines Luxusproduktes der symbolische Nutzen weitaus wichtiger als der funktionale Nutzen, weshalb Luxusmarken den Fokus auf die Gestaltung eines einzigartigen Einkaufserlebnisses für den Verbraucher legen sollten. Hierbei liegt die Schwierigkeit in einem global einheitlichen Markenauftritt, sowohl on-, als auch offline, trotz der weltweiten ökonomischen und kulturellen Unterschiede (Kapferer/Bastien 2012)

Für die Marke Chanel ist eine gezielte Distributionspolitik von enormer Bedeutung, denn je luxuriöser eine Marke ist, umso wichtiger ist die selektierte Distribution (Nueno/Quelch 1998). Chanel operiert mit einem vertikal integriertem exklusiven Distributionsmodell, daher sind Kleidung und Accessoires lediglich durch die markeneigenen Boutiquen und Warenhauskonzessionen käuflich zu erwerben. Die markeneigenen Makeup-, sowie Parfümlinien werden selbst hergestellt, jedoch durch ein breiteres Distributionsnetzwerk vertrieben. Parfüm, Makeup und Brillen gehören zu den wenigen Produkten, die online vertrieben werden (Business of Fashion 2018).

Der Erfolgskern von Chanels Distributionsstrategie liegt in der Produktsegmentierung. Diese Strategie beinhaltet die Distribution von hochwertigen exklusiven Hauptprodukten im obersten Preissegment, wie beispielsweise die ikonisch gesteppten Handtaschen. Andere Produktkategorien werden in niedrigeren Preissegmenten positioniert, um eine größere Verbraucherzielgruppe anzusprechen (Business of Fashion 2018). Hierbei entsteht ein Widerspruch, da Chanel gleichzeitig eine der zugänglichsten Luxusmarken, hinsichtlich der Einstiegspreise in der Make-Up und Beauty Sparte, ist (Kapferer/Bastien 2012). Kosmetik und Düfte erlauben der Mittelklasse dabei einen Hauch des Lifestyles, den Chanel mit seiner Couture und Prèt-a-Porter Mode verkörpert, zu erlangen. Eben diese Produktsegregation hat dazu geführt, dass Chanel seine Exklusivität über die Jahre beibehalten und sich zu einer der größten Luxusmodemarken im Einzelhandel, mit weltweit über 300 unternehmenseigenen stationären Geschäften, entwickelt hat (Solca 2018).

Chanels strategische Entscheidung Mode, Uhren und Taschen nicht über ein E-Commerce Modell zu verkaufen hängt damit zusammen, dass die Exklusivität der Distribution, physische Interaktion mit dem Produkt und das In-Store Erlebnis von hoher Wichtigkeit für die unternehmenseigenen Markenwerte sind. Der President of Fashion der Marke, Bruno Pavlovsky, unterstreicht diese Aussage mit den Worten: „If you give everything to everyone straight away, I think you lose that exclusivity" (Business of Fashion 2018). Brillen waren das erste Nicht-Beauty Produkt, dass Chanel über das Internet vertreibt. Dabei setzt Chanel weiterhin auf eine exklusive Distributionsstrategie. Jede Online-Bestellung einer Brille wird von einem Chanel Mitarbeiter persönlich übernommen (Sherman 2019).

Obwohl Chanel sein Sortiment nicht vollständig online anbietet, versucht das Unternehmen den Trend der Digitalisierung zunehmend zu integrieren, um die Bedürfnisse gerade der jüngeren Kunden zu befriedigen. So konnte trotz der selektiven Distributionsstrategie 2018 ein zweistelliges Wachstum verzeichnet werden. Es wurden erhöhte Investitionsaufwände in Boutiquen der nächsten Generation verzeichnet. Die ikonische 19 Rue Cambon Boutique in Paris wird ein Testobjekt für Innovationen, hinsichtlich eines erweiterten Kundenerlebnisses in Verbindung mit E-Service Angeboten und originalem Chanel Boutique Erlebnis im stationären Handel (Business of Fashion 2018). Dadurch werden Konsumenten in Zukunft online Produkte reservieren oder Termine in einer Boutique vereinbaren können (White/Denis 2017). Für den Ausbau des physischen Einzelhandels setzt Chanel auf eine Partnerschaft mit dem Online-Marketplace Farfetch um mit dessen Know-How die Strategie zu erweitern.

Darüber hinaus wird eine Erweiterung des E-Commerce um weitere Produktkategorien in naher Zukunft abgelehnt (Kansara et al. 2018).

2.4   Forschungsfragen

In den vorhergehenden Abschnitten wurde beschrieben, inwieweit sich der Onlinehandel in den letzten Jahren entwickelt hat und welchen Einfluss dieser auf die Distribution im Luxusmarkensegment hat. Das weltweite Umsatzvolumen des Onlinehandels für Bekleidung und Accessoires steigt jährlich an (Rotar 2020), auch im Bereich der persönlichen Luxusgüter (D'Arpizio et al. 2019), weshalb Luxusmarken einen enormen Druck verspüren wettbewerbsfähig zu bleiben.[1] Basierend auf der steigenden Relevanz des Onlinehandels lässt sich die folgende Forschungsfrage ableiten:

1. *Wird der Verkauf von Luxusartikeln über das Internet in der heutigen Zeit erwartet bzw. wird er von Chanel Kundinnen erwartet und wahrgenommen?*

Des Weiteren wurde in Abschnitt 2.2 die Luxusmarkenführung beschrieben. Diese legt fest, dass die Selbstwahrnehmung einer Luxusmarke mit der Fremdwahrnehmung des Verbrauchers übereinstimmen muss, um einen glaubhaften Auftritt der Marke zu generieren. Durch die Einführung neuer Vertriebskanäle über das Internet, entsteht für Luxusmarken eine weitere Fragestellung:

2. *Welchen Einfluss hat die Distribution über das Internet hinsichtlich Exklusivität und Image (insbesondere in Bezug auf die Marke Chanel)?*

Zur Beantwortung der Fragen wurden zwei Zielgruppen definiert und befragt. Die aktuelle Generation der Chanel Kundinnen in der heutigen Zeit sowie die jüngere Generation der potentiellen Kundinnen, die mit dem technologischen Wandel aufgewachsen sind. Es gilt dementsprechend unter anderem herauszufinden, ob die Zielgruppen zu unterschiedlichen Ansichten im Hinblick auf die Forschungsfragen kommen.Methodik

3   Methodik

3.1   Stichprobenauswahl

Die Kernzielgruppe der Umfrage umfasst ausschließlich Frauen. Chanel entwirft, abgesehen von Parfüm und Pflegeartikeln, lediglich Damenkollektionen (CHANEL 2019).

---

[1]   Anmerkung: Diese Studie wurde zeitlich vor der Corona-Pandemie durchgeführt. Auch wenn der Handel insgesamt, wie fast alle Branchen, einen Umsatzrückgang in 2020 verzeichnet, so wird doch erwartet, dass das Wachstum im E-Commerce weiterhin beständig bleibt.

Unter Anwendung der Sinus-Milieus werden die angesprochenen Zielgruppen präziser definiert. Die verschiedenen Milieus werden basierend auf soziokulturellen Unterschieden eingeteilt. Dabei werden die Milieus hinsichtlich ihrer Verfassung und Orientierung, Zielen und Lebensstil, sowie ihren Einstellungen und Werten definiert.

Für das Luxusmarkensegment verzeichnen die folgenden sozial gehobenen Sinus-Milieus charakteristisch gesehen die höchste Relevanz:

- *Konservativ-Etablierte*
  Dieses Milieu wird als klassisches Establishment definiert. Konservativ-Etablierte haben einen hohen Anspruch auf eine Führungsposition und verfolgen eine erhöhte Erfolgsethik. Sie grenzen sich durch Exklusivität ab und übernehmen gesellschaftliche Verantwortung.
- *Liberal-Intellektuelle*
  Sie sind die Bildungselite mit einer liberalen Grundhaltung und einer hohen Affinität zum Künstlerischen und Kulturellen. Sie verfügen über einen kritischen Weltblick und haben einen ausgeprägten Trieb zur Selbstbestimmung und -entfaltung.
- *Performer*
  Die Performer gelten als effizienzorientierte Leistungselite. Sie sind Vorreiter in den Bereichen Konsum und Stil und verfügen über einen hohen Wettbewerbsdruck. Sie legen großen Wert auf Networking und Denken auf global-ökonomische Weise (Flaig/Barth 2018: 16).

Die aktuelle Zielgruppe der Luxusmodeindustrie besteht dementsprechend aus der weiblichen sozialen Oberschicht, welche sowohl auf Tradition und Exklusivität setzt, aber auch den Drang zur Selbstverwirklichung verspürt. Sie sind erfolgsgetrieben und gehören zu der gesellschaftlichen Bildungs- und Leistungselite. In der Umfrage wird deutlich, dass die Probanden der Zielgruppe beruflich überwiegend voll- und teilzeitbeschäftigt, oder pensioniert sind. Der Großteil der Befragten verfügt über ein monatliches Haushaltseinkommen von über 6.000€ und kauft mindestens einmal monatlich online ein. Die befragten Frauen weisen ein Alter zwischen 35 und über 55 Jahren auf und gehören damit zu den Generationen X und Babyboomern (Hanisch 2018).

Die Zielgruppe der potentiellen Kundinnen unterscheidet sich charakteristisch kaum von der aktuellen Zielgruppe. Jedoch sind sie in eine andere Zeit geboren. Sie sind zwischen 18 und 34 Jahre alt und gehören somit in die Generation Y oder Z. Beruflich sind ein Großteil der befragten Zielgruppe Studenten oder Vollzeitbeschäftigte. Das monatliche Haushaltseinkommen liegt, im Gegensatz zu der aktuellen Zielgruppe von Luxusmarken, überwiegend unter 2.000€. Die Generation Y ist im Gegensatz zu den Babyboomern und der Generation X mit dem technologischen Fortschritt aufgewachsen und setzt sich bereits im jungen Alter mit den neuesten Kommunikationsmöglichkeiten auseinander. Daher werden sie auch als „Digital Natives" bezeichnet. Aus diesem

Grund haben sie eine andere Erwartungshaltung hinsichtlich E-Commerce von Luxus-modemarken (Hanisch 2018). Trotz dieser Fakten wird in der Stichprobenerhebung deutlich, dass im Hinblick auf das Online-Kaufverhalten kein signifikanter Unterschied zu der Generation der aktuellen Zielgruppe aufzuweisen ist. Die Generation Y kauft ebenfalls überwiegend mindestens einmal im Monat online ein. Diese Zielgruppe wird als potentielle Kundinnen bezeichnet, da anzunehmen ist, dass sie trotz gegenwärti-gem Konsum er nach Übergang in das Berufsleben und einem einhergehenden Anstieg des Einkommens ihr volles Konsumpotential entfalten werden.

Die Durchführung der Stichprobe wurde sowohl aktiv, als auch passiv betrieben. Der Link zur Umfrage wurde direkt an ausgewählte Teilnehmer verteilt. Unter den Teilneh-mern waren überwiegend ehemalige Internatsschülerinnen, sowie Studenten der In-ternational School of Management, welche zu der Zielgruppe der potentiellen Chanel Kundinnen gehören. Um die aktuelle Zielgruppe zu erreichen wurde der Link des Fra-gebogens an Frauen versendet, die bereits Chanel Kundinnen sind. Mithilfe der Schneeballtechnik, bei welcher die Teilnehmer den Fragebogen an weitere Bekannte und Familienmitglieder der relevanten Zielgruppe weiterleiten, konnte eine erhöhte Teilnehmeranzahl generiert werden (Thielsch/Weltzin 2012: 116). Die passive Durch-führung wurde durch das Teilen des Weblinks auf Sozialen Medien betrieben. Damit es durch die passive Probandenauswahl jedoch nicht zu einer Verzerrung der Stich-probe kommt, wurden Teilnehmer, die nicht in die vorab definierte Zielgruppe passen, mithilfe von drei Filterfragen zu Beginn des Fragebogens, von der weiteren Befragung ausgeschlossen.

3.2   Erhebungsinstrument

Insgesamt bestand der Fragebogen aus 21 Fragen, die sich an den vorab motivierten Forschungsfragen ausrichten, beginnend mit den drei Voraussetzungsfragen.

Im Anschluss an die vorgeschalteten Filterfragen wurde das Online-Kaufverhalten der Teilnehmer im gesamten Luxusmarkenbereich erfragt. Dies beinhaltete das Abfragen nach Präferenzen der Konsumenten hinsichtlich der Erwartungshaltung, sowie Infor-mationssammlung und Kaufverhalten. Die nächste Kategorie beschäftigte sich mit der Untersuchung des Kaufverhaltens der Teilnehmer am Fallbeispiel Chanel. Zunächst wurde erneut eine Filterfrage konzipiert, welche der Teilnehmerinnen ein Chanel Pro-dukt besitzen, oder es in Erwägung ziehen, eines käuflich zu erwerben. Bei Verneinung dieser Frage, gelangten die Teilnehmerinnen automatisch zum Ende der Umfrage. Die weiteren Fragen dieser Kategorie waren auf die der vorherigen Kategorie abgestimmt, um die Daten in der Auswertung zu vergleichen und eventuelle Unterschiede im Kauf-verhalten zwischen Chanel und anderen Luxusmodemarken herauszufinden. Die letzte Kategorie des Fragebogens zielte auf die Soziodemographie der Umfrageteilnehmer ab, um die Zielgruppen genauer zu definieren und zu charakterisieren.

Zur Sicherstellung der Validität und Reliabilität des Erhebungsinstruments wurde zusätzlich ein Pre-Test mit 15 Teilnehmern durchgeführt. Während des Pre-Tests wurde gezielt darauf geachtet, dass Teilnehmer beider Altersgruppen vertreten waren. Innerhalb des Tests konnten die Probanden Anmerkungen zu Fragestellungen anbringen, um so Fehler und potentielle Missverständnisse zu identifizieren. Der Pre-Test ergab, dass keine signifikanten Änderungen an dem Fragebogen erforderlich waren. Nach Durchführung des Pre-Tests wurde der überarbeitete Fragebogen an die Teilnehmer verschickt.

4 Analyse

4.1 Beschreibung der Stichprobe

Insgesamt haben 212 Teilnehmer an der Umfrage teilgenommen. Durch die drei Voraussetzungsfragen wurden die Teilnehmer gefiltert. Die Voraussetzungen erfragten das Geschlecht der Teilnehmer, den Besitz von Luxusprodukten, sowie das Online-Kaufverhalten. Dadurch wurden alle Teilnehmer, die entweder männlich sind, nicht online einkaufen, oder keine Luxusprodukte besitzen, bzw. den Erwerb nicht in Erwägung ziehen, zum Ende des Fragebogens geleitet und konnten somit die restlichen Fragen nicht beantworten. Nach Abzug dieser Teilnehmer beschränkt sich die Anzahl der gültigen Probanden auf 151 Teilnehmer.

Die Frage nach dem Alter der Probanden wurde von allen 151 Teilnehmern beantwortet. 44 Personen gaben an zwischen 18 und 24 Jahren zu sein, 21 Personen waren zwischen 25 und 29 Jahren und 6 Teilnehmer gaben an zwischen 30 und 34 Jahren zu sein. Dadurch entsprechen insgesamt 71 Teilnehmer (47%) der potenziellen Zielgruppen der Generationen Y und Z, welche nun folgend *„up and coming"* genannt werden (Durchschnittsalter: 23,7 Jahre). 80 Teilnehmer gehören zu der aktuellen Zielgruppe der Generation X und Babyboomer (53%), welche folgend als *„established"* bezeichnet werden. Diese Anzahl unterteilt sich in 7 Probanden zwischen 35 und 44 Jahren, 55 Probanden zwischen 45 und 54 Jahren sowie 18 Teilnehmern, die 55 Jahre und älter angaben (Durchschnittsalter: 52,7 – unter der Annahme, dass alle Befragten jünger als 80 Jahre sind). Zur verbesserten Darstellung und Analyse der Ergebnisse wird die Auswertung nach den Zielgruppen der *up and coming* und *established* eingeteilt.

Über 70% der Befragten gaben an, mindestens einmal im Monat online einzukaufen. Hierbei ist bemerkenswert, dass trotz der durchschnittlich 30 Jahre Altersunterschied, die Quoten mit 64% für die ältere Generation und 79% für die jüngere Generation nicht sehr weit auseinanderliegen. Dies bestätigt die oben geäußerte Aussage, dass Konsumentinnen von Luxusprodukten unabhängig vom Alter digital sehr affin sind – weniger als 13% gaben an, weniger als alle drei Monate einzukaufen.

Tabelle 1 fasst zusammen, welche Produkte bevorzugt online eingekauft werden, unterteilt nach den beiden Altersgruppen.

Tabelle 1:   Onlinekäufe nach Produktkategorien
Quelle: eigene Darstellung

Kategorie	Kleidung	Schuhe	Taschen	Accessoires	Pflegeprodukte, Parfum, Make-Up
Gesamt	44,4%	43,0%	31,8%	27,2%	33,1%
established	45,1%	36,6%	22,5%	23,9%	31,0%
up and coming	43,8%	48,8%	40,0%	30,0%	35,0%

Es zeigt sich, dass allein bei Kleidung die ältere Generation der Chanel-Kundinnen diese schwach bevorzugt online einkauft. Insgesamt spiegeln die Ergebnisse allerdings sehr gut den allgemeinen Trend wieder - wie oben auch beobachtet - dass jüngere Generationen dem Kauf über Onlineplattformen offener gegenüberstehen als ältere Generationen.

Abschließend kann noch darauf verwiesen werden, dass in beiden Gruppen mindestens 70% bereits Produkte von Chanel besitzen und daher mit der Marke vertraut sind. Insgesamt bilden beide Gruppen eine ideale Stichprobe, da in beiden Gruppen etwa 95% aller Teilnehmer entweder bereits Kundinnen von Chanel sind oder in Erwägung ziehen in der Zukunft Chanel Produkte zu konsumieren. Insgesamt sind dies 143 der 151 Befragten (94,7%).

Da keine detaillierten Informationen über die Kunden Chanels vorliegen, kann kein Abgleich mit weiteren sozioökonomischen Kennzahlen vorgenommen werden, aber die Stichprobe kann unter den gegebenen Umständen aufgrund der Altersverteilung und den vorliegenden Fallzahlen als repräsentativ angenommen werden.

4.2   Chanel, Luxus und E-Commerce

Wird der Verkauf von Luxusartikeln über das Internet in der heutigen Zeit erwartet bzw. wird er von Chanel Kundinnen erwartet?

Eine Häufigkeitsanalyse zeigt, dass von den 151 Probanden 108 (71,52%) angeben, dass sie sich den Erwerb von Luxusartikeln über das Internet vorstellen können. Während dies signifikant mehr als die Hälfte der Befragten sind (p = 0,000) [2,] sind es nicht mehr signifikant mehr als zwei Drittel. Dies ist allerdings eine sehr allgemeine Aussage, wobei nur Onlinekäufe per se betrachtet wurden. In diesem Zusammenhang kann die Forschungsfrage zwar bejaht werden, erfordert allerdings eine detailliertere Betrachtung.

---

[2]   Die nachfolgenden Tests erfolgten als 1-Stichprobentest bei denen auf den Anteil derjenigen getestet wurde, der der jeweiligen Aussage zustimmen.

Dies gilt umso mehr, als dass sich zeigt, dass ein signifikanter Zusammenhang (p = 0,011) besteht zwischen der Generationenzugehörigkeit der Probanden und ob sie es in Betracht ziehen Luxusgüter online zu kaufen. Während in beiden Generationen die Zustimmung signifikant über 50% liegt, fällt diese bei den *up and coming* deutlich stärker aus (p = 0,000) als bei den *established* (p = 0,024), wie Tabelle 2 zeigt.

Tabelle 2: **Bereitschaft zum Onlinekauf von Luxusgütern nach Generationen**
Quelle: eigene Darstellung

	Ja	Nein	Gesamt
Gesamt	108	43	151
established	50	30	80
up and coming	58	13	71

Zusammengefasst bedeutet dies, dass für beide Altersgruppen Luxus und E-Commerce keine komplett unterschiedlichen Welten darstellen. Die *up and coming* sehen allerdings weit weniger Probleme darin, die beiden Welten zusammenzuführen. Betrachtet man im Anschluss die Vertrautheit der Probanden mit Chanel, so zeigt sich, dass sich von den aktuellen Channel Kundinnen signifikant mehr als die Hälfte den Kauf von Luxusgütern über Onlinekanäle vorstellen können (p = 0,000), während dies bei den potentiellen Chanel Kundinnen sogar signifikant mehr als zwei Drittel sind (p = 0,024), wie sich aus Tabelle 3 entnehmen lässt.

Tabelle 3: **Bereitschaft zum Onlinekauf von Chanel Produkten nach Generationen**
Quelle: eigene Darstellung

	Ja	Nein	Weiß nicht	Gesamt
Gesamt	76	47	20	143
established	35	31	10	76
up and coming	41	14	10	67

Zusammenfassend kann festgehalten werden, dass ein überragender Anteil der Probanden den Verkauf von Luxusprodukten über das Internet erwartet, eine Meinung, die zwar in den *up and coming* stärker ausgeprägt ist, allerdings auch in den *established* eine überragende Zustimmung findet. Erfahrung mit Produkten von Chanel spielen lediglich insoweit mit in die Entscheidung rein, als dass diejenigen, die bereits Erfahrungen mit Chanel und entsprechend potentiell auch mit anderen Luxusmarken haben, auch offener gegenüber dem Kauf eben dieser Güter über das Internet sind.

Welchen Einfluss hat die Distribution über das Internet hinsichtlich Exklusivität und Image (insbesondere hinsichtlich der Marke Chanel)?

Werden allein die beiden Fragen zur Exklusivität und zum Image betrachtet, so zeigt sich, dass im Allgemeinen keine signifikante Abweichung vom theoretischen Mittelwert der Aussagen „Wird als weniger exklusiv wahrgenommen" als auch „Verbessert das Image der Marke" vorliegt. In Bezug auf Luxusgüter im Allgemein sehen Kundinnen und potentielle Kundinnen somit weder einen signifikanten Exklusivitätsverlust (p = 0,517) noch einen signifikanten Imageschaden für die Marke (p = 0,231). Dies deckt sich mit der Erkenntnis, die im vorhergehenden Abschnitt diskutiert wurde, dass ein signifikanter Anteil der Stichprobe kein Problem darin sieht Luxusgüter online zu erwerben.

Wenn im Gegensatz dazu die Frage auf Produkte von Chanel gelenkt wird, so zeigt sich, dass Chanel anders wahrgenommen wird als Luxusgüter im Allgemeinen. Der Mittelwert der Aussagen „Wird als weniger exklusiv wahrgenommen" (p = 0,001) als auch „Verbessert das Image der Marke" (p = 0,013) weicht signifikant vom theoretischen Mittelwert von 2,5 ab[3], wenn der Fokus auf Produkte der Marke Chanel gelegt wird. Die Abweichung erfolgt nach oben hin für die erste Aussage und nach unten hin für die, negativ codierte, zweite Aussage.

Abbildung 1 zeigt wie die Bewertungen im Einzelnen ausfallen.

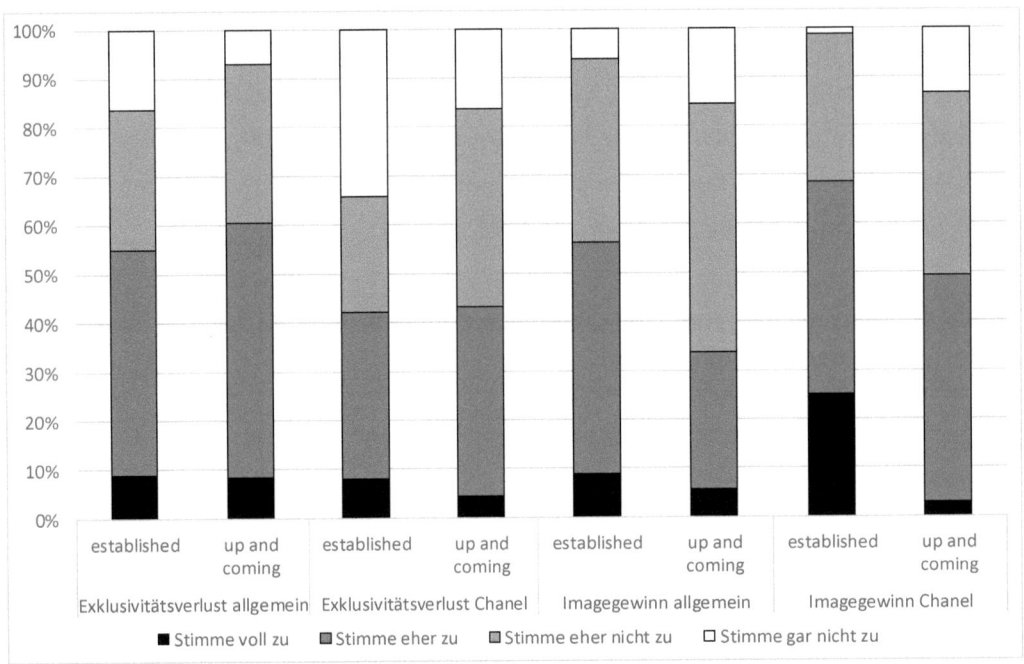

Abbildung 1:   Exklusivitäts- und Imageverlust nach Generationen
Quelle: eigene Darstellung

Dass die negative Codierung sich auch im Antwortverhalten der Probandinnen widerspiegelt, zeigt eine stark negative Korrelation von -0,517 (p = 0,000) – Pearson Korrelation- und von -0,543 (p = 0,000) – Spearman Korrelation - für die beiden Variablen mit Bezug auf Chanel. Die Wahrnehmung eines Imageverlusts steht in einem starken Zusammenhang mit einem erwarteten Verlust der Exklusivität. Da dieser Zusammenhang zwar stark ausgeprägt ist, allerdings weder perfekt monoton, geschweige denn linear ist, bietet es sich an, die Aussagen etwas detaillierter zu untersuchen.

---

3   Da es sich um eine 4-Punkte Skala mit den Werten 1-4 handelt, resultiert der theoretische Mittelwert aus dem arithmetischen Mittel dieser vier Werte.

Hinsichtlich ihrer Bewertung spielt keine Rolle, ob die Probandinnen bereits Kontakt mit Chanel hatten, bereits ein Produkt von Chanel besitzen, oder nicht, in beiden Fällen weichen die Bewertungen nur marginal voneinander ab. Dies gilt im Übrigen auch für die Einstellung zu Luxusgütern im Allgemeinen. Hierbei ist interessant anzumerken, dass zwar keine signifikanten Unterschiede vorliegen, allerdings marginale Abweichungen. Diese weisen darauf hin, dass von denjenigen die noch keine Erfahrungen mit Chanel gesammelt haben, im Allgemeinen Onlineaktivitäten positiver bewertet werden als von Chanel Kundinnen. In Bezug auf die Markenentwicklung Chanels sind die potentiellen Kundinnen allerdings noch kritischer als aktuelle Kundinnen.

Eine Varianzanalyse zeigt, dass es lediglich in Bezug auf das Markenimage signifikante Unterschiede hinsichtlich des Alters der Probandinnen gibt. Dies ist allerdings bereits in Abbildung 1 zu erkennen. Es ist insbesondere so, dass die Kundinnen über 45 den Effekt eines Imageverlusts wesentlich kritischer bewerten als die jüngeren Kundinnen. Bei der Exklusivität ist eine derartige Aussage nicht möglich.

Diese Aussage kann noch durch Spearman Rangkorrelationen gestützt werden, die für die Exklusivität insignifikant ausfallen, (p = 0,281) für das Markenimage allerdings signifikant negativ mit einem Koeffizienten von -0,308 (p = 0,000). Das Bild wiederholt sich, wenn die Bewertung im Rahmen eines χ^2-Tests der Generationenzugehörigkeit gegenübergestellt wird, wobei hier allerdings keine Aussage über die Richtung des Zusammenhangs möglich ist.

Es sind entsprechend die älteren Jahrgänge die einen Imageverlust einer Onlinestrategie erwarten, während die Generationen in Bezug auf die Exklusivität in ihrer Einstellung relativ homogen sind. Es kann vermerkt werden, dass sich ein vergleichbares Muster auch zeigt, wenn der Verkauf von Luxusgütern im Allgemeinen betrachtet wird, losgelöst von der Marke Chanel.

Tabelle 4 und Tabelle 5 stellen für die einzelnen Ausprägung der beruflichen Qualifikation als auch das Haushaltseinkommen in € dar, wie die Mittelwerte in den einzelnen Untergruppen ausfallen. Aufgrund der geringen Fallzahlen je Untergruppe und der Inflation der p-Werte bei Mehrfachtests wird auf t-Tests für jede einzelne Untergruppe verzichtet und es werden lediglich Gruppenmittelwerte präsentiert.

Tabelle 4:   Exklusivitätsverlust und Imagegewinn nach beruflicher Qualifikation
Quelle: eigene Darstellung

	Exklusivitätsverlust allgemein	Exklusivitätsverlust Chanel	Imagegewinn allgemein	Imagegewinn Chanel
Hauptschulabschluss	2,50	2,50	2,00	3,00
Realschulabschluss	2,67	2,67	2,90	2,30
Abitur	2,42	2,50	2,85	2,38
Berufliche Qualifikation	2,53	2,33	2,94	2,00
Abgeschlossenes Studium	2,37	2,76	2,61	2,48
Promotion	3,50	2,00	3,00	2,00

Tabelle 5   Exklusivitätsverlust und Imagegewinn nach Haushaltseinkommen
Quelle: eigene Darstellung

	Exklusivitätsverlust allgemein	Exklusivitätsverlust Chanel	Imagegewinn allgemein	Imagegewinn Chanel
Unter 1000	2,56	2,50	2,86	2,21
1000 - 2000	2,45	2,68	2,66	2,55
2001 - 4000	2,29	2,61	2,68	2,56
4001 - 6000	2,29	2,79	2,63	2,29
Über 6000	2,69	2,33	3,00	2,00
Keine Angabe	2,38	2,63	2,75	2,44

Während es hinsichtlich der beruflichen Qualifikation keine signifikanten Unterschiede gibt, wie Tabelle 4 suggeriert und eine Varianzanalyse bestätigt, weist das Einkommen bei dem Markenimage schwach signifikante Unterschiede auf ($p = 0,057$) wie sich auch in Tabelle 5 beobachten lässt. Betrachtet man die einzelnen Ausprägungen, so fällt auf, dass bei beiden Fragen die Kategorien „Unter 1000" und „Über 6000" das Extrem der Zustimmung in Bezug auf den Verlust der Exklusivität und das Extrem der Ablehnung in Bezug auf eine Verbesserung des Markenimages ausmachen.

Während dies aus Gründen wie oben im Kontext der ersten Frage bereits diskutiert für die Kundinnen mit einem hohen Einkommen wenig verwunderlich ist, da es sich um die aktuelle Generation der Chanel Kundinnen handelt, verweist die stark ausgeprägte Kategorie „Unter 1000" auf die Kategorie der zukünftigen Chanel Kundinnen, die aufgrund ihrer aktuellen beruflich Stellung, in den meisten Fällen als Studenten, noch ein geringes Haushaltseinkommen aufweisen. Dies wurde bereits im Rahmen der Zielgruppenbesprechung ausführlich dargestellt. Der Bruch der Monotonie des Zusammenhangs führt schließlich auch dazu, dass beide Rangkorrelationen insignifikant ausfallen ($p = 0,405$ und $0,109$).

Wie beim Alter, stellen sich auch beim Einkommen die Zusammenhänge ähnlich dar, wenn, anstelle des speziellen Falls Chanel, Luxusgüter im Allgemeinen betrachtet werden.

Zusammenfassend kann somit festgehalten werden, dass zwar keine generelle negative Einstellung zum Verkauf von Luxusgütern über das Internet vorliegt. Sobald allerdings Chanel als traditionelles Offlineunternehmen betrachtet wird, so ändert sich diese Meinung.

In Bezug auf Chanel wird sowohl ein Verlust der Exklusivität als auch ein Schaden des Markenimages erwartet, sollte es zu einem vollständigen Einstieg in den Onlinehandel kommen. Es zeigt sich, dass gerade der Exklusivitätsverlust homogen über die Kategorien, Alter, Einkommen und Beschäftigung ähnlich kritisch wahrgenommen wird. In Bezug auf das Markenimage sind die älteren Kohorten etwas kritischer ebenso wie die Kohorten mit den höchsten und dem geringsten Einkommen.

Dies bedeutet aber, dass gerade die klassischen Chanel Zielgruppen den Übergang zu einem kompletten Onlineangebot am kritischsten bewerten. Während eine Verzerrung aufgrund der Selbstwahrnehmung als Chanel Kundin und des damit verbundenen Prestigegewinns, nicht auszuschließen ist, ist dies trotz allem ein gewichtiger Punkt, den Chanel bei zukünftigen Onlineaktivitäten berücksichtigen sollte.

5 Fazit

5.1 Zusammenfassung und Handlungsempfehlungen

Die Implementierung des E-Commerce im Luxusmarkensegment gestaltet sich als langwierige Herausforderung. Obwohl Luxusmarken dem Trend lange widerstanden haben, wurden sie zunehmend zu einem digitalen Auftritt gezwungen. Es ist von hoher Wichtigkeit die Konsumenten von morgen anzusprechen und deren Kaufverhalten zu verstehen. Die Entwicklung der letzten Jahre zeigt dabei, dass die Umsetzung innerhalb dieser Branche möglich ist und von den Konsumenten aktuell aber auch zukünftig erwartet wird. Eine potenzielle Nachfrage für die Implementierung des E-Commerce das komplette Sortiment Chanels betreffend ist aus Kundensicht vorhanden. Sollte Chanel in Zukunft die Einführung weiterhin ablehnen, zeigt diese Studie, dass eine potenzielle Gefährdung der Wettbewerbsfähigkeit entstehen könnte. Dabei müssen jedoch die komplexen Anforderungen der Luxuskunden berücksichtigt werden, damit es nicht zu einem Verlust des bislang hochexklusiven und begehrenswerten Status der Marke kommt. Aus aktueller Verbrauchersicht wäre ein Online-Komplettangebot Chanels derzeit exklusivitäts- und imageschwächend. Die Tendenz der zukünftigen Zielgruppe geht nur leicht in eine andere Richtung. Die Anforderungen der *up and coming* lassen sich aber nur bedingt prophezeien. Vermehrte Marktforschung in diese Richtung ist essentiell, um Kundenbedürfnisse zu erkennen und auf diese einzugehen.

5.2   Limitationen und Ausblick

Während die vorliegende Studie einen guten Einblick in die Einschätzung der deutschen Kundinnen Chanels bietet, ist dies gleichzeitig auch die größte Schwäche der Arbeit. Chanel ist ein global aktives Unternehmen und als bekannte Luxusmarke in nahezu allen Ländern der Welt ein Begriff. Dies gilt insbesondere auch für Länder, die digital wesentlich aufgeschlossener sind als Deutschland. Es stellt sich daher die Frage, inwieweit die Meinungen und Einschätzungen deutscher Kundinnen auch repräsentativ für Kundinnen aus anderen Ländern und Kulturkreisen sind. Um diese Frage allerdings hinreichend zu beantworten, ist es unerlässlich die vorliegende Studie nicht nur in einem internationalen Rahmen zu wiederholen, sondern kulturelle Eigenschaften gerade aber auch der grundlegenden Motivation hinter dem Konsum von Luxusgütern mit den geäußerten Meinungen in Verbindung zu bringen.

Darüber hinaus weist die Stichprobe, die im Rahmen dieser Studie Verwendung findet mit 151 Teilnehmern einen gerade noch akzeptablen Umfang auf. Insgesamt ist die Stichprobengröße aber vertretbar, da der Rahmen gegenwärtiger Chanel Kundinnen als auch potentieller zukünftiger Kundinnen eher überschaubar ist und diese als Luxuskundinnen auch schwer erreichbar sind (Ascheberg et al. 2012). Zukünftige Forschung könnte jedoch versuchen, die Stichprobengröße anzuheben.

Die vorliegende Arbeit präsentiert primär die theoretisch-gesellschaftliche Sicht einer zunehmenden Digitalisierung und stellt sie einer individuellen Konsumentensicht gegenüber. Was an dieser Stelle allerdings ausgeblendet wird, ist die Perspektive und Einschätzung Chanels. Werden ähnliche Argumente geäußert wie seitens der Konsumenten oder gibt es zusätzliche Faktoren, möglicherweise in der Unternehmenskultur verankert, die die zugrundeliegenden Unternehmensentscheidungen beeinflussen? Eine Erweiterung der Studie um eine derartige qualitative Perspektive würde den Erkenntnisgewinn der vorliegenden Studie noch weiter steigern.

Literaturverzeichnis

Ascheberg, C.; Meurer, J.; Oesterling, A. (2012): The Luxury Universe – Angebots- und Kundensegmentierung globaler Luxusmärkte als Basis für erfolgreiche Positionierungsstrategien. In: Burmann, C.; König, V.; Meurer, J. (Hg.): Identitätsbasierte Luxusmarkenführung. Wiesbaden : Springer, S. 85-102.

Bain & Company (2018): Luxury Goods Worldwide Market Study, Fall-Winter 2018. The Future of Luxury: A Look into tomorrow to understand today.

Berghaus, B.; Müller-Stewens, G.; Reinecke, S. (2014): The Management of Luxury. A Practitioner's Handbook. London : Kogan Page.

Boston Consulting Group (Hrsg.) (2016): Digital or Die: The Choice for Luxury Brands (https://www.bcg.com/de-de/publications/2016/digital-or-die-choice-luxury-brands.aspx). Abgerufen am 20.10.2020.

Business of Fashion (Hrsg.) (2018): BoF FAQs: Chanel (https://www.businessoffashion.com/articles/careers/bof-faqs-chanel). Abgerufen am 20.10.2020.

Büttner, M. (2008): Phänomen Luxusmarke. Wiesbaden : Springer.

CHANEL (Hrsg.) (2019): CHANEL Offizielle Website: Mode, Parfums, Makeup, Uhren, Fine Jewelry (https://www.chanel.com/de_DE/?param=value&gclid=EAlaIQobChMlpemc87H4wIVGud3Ch0ZOAfoEAAYASAAEgJOYvD_BwE). Abgerufen am 30.07.2019.

Chevalier, M.; Gutsatz, M. (2020): Luxury retail and digital management. Developing customer experience in a digital world. 2nd ed., Solaris South Tower, Singapore : Wiley.

D'Arpizio, C.; Levato, F.; Prete, F.; Gault, C. (2019): 2019 Luxury Goods Worldwide Market Study. Eight Themes That Are Rewriting the Future of Luxury Goods (https://www.bain.com/globalassets/noindex/2020/bain_digest_eight_themes_that_are_rewriting_the_future_of_luxury-goods.pdf). Abgerufen am 20.10.2020.

Deloitte (Hrsg.) (2019): Global Powers of Luxury Goods 2019 (https://www2.deloitte.com/content/dam/Deloitte/ar/Documents/Consumer_and_Industrial_Products/Global-Powers-of-Luxury-Goods-abril-2019.pdf). Abgerufen am 20.10.2020.

Denis, P. (2019): Fashion house Chanel parades its independence as profits rise. In: Reuters Media, 17.06.2019 (https://www.reuters.com/article/us-chanel-results/fashion-house-chanel-parades-its-independence-as-profits-rise-i-dUSKCN1TI1EA). Abgerufen am 22.07.2020.

Dubois, B.; Duquesne, P. (1993): The Market for Luxury Goods: Income versus Culture. In: European Journal of Marketing, 27. (1993), Nr. 1, S. 35-44.

Dubois, B.; Laurent, G.; Czellar, S. (2001): Consumer Rapport tu Luxury: Analyzing Complex and Ambivalent Attitudes. Paris : Jouy-en-Josas.

Dunkel, M. (2019): Der Duft des Erfolgs. Serie: Revolutionäre Folge 2: Coco Chanel. In: Capital (2019), Nr. 7, S. 90-97.

Ecommerce News (2017): French fashion brand Céline launches ecommerce website. In: Ecommerce News Europe, 07.12.2017 (https://ecommerce-news.eu/french-fashion-brand-celine-launches-ecommerce-website/). Abgerufen am 22.07.2020.

Flaig, B. B.; Barth, B. (2018): Hoher Nutzenwert und vielfältige Anwendung. Entstehung und Entfaltung des Informationssystems Sinus-Milieus(R). In: Barth, B.; Flaig, B. B.; Schäuble, N.; Tautscher, M. (Hg.): Praxis der Sinus-Milieus(R). Wiesbaden : Springer VS, S. 3-21.

Glaser, R. E. (2010): How to sell Dreams. Principles of Luxury Fashion Brand Management. Saarbrücken : VDM.

Hanisch, H. (2018): Die aktive Generation Y im 21. Jahrhundert. Bonn : Books on Demand.

Interbrand (Hrsg.) (2019): Best Global Brands 2019. Ranking (https://www.interbrand.com/best-brands/best-global-brands/2019/ranking/#?filter=Luxury). Abgerufen am 16.07.2020.

Kansara, V. A.; Chitrakorn; Kati (2018): Chanel Strikes Farfetch Deal to Augment Boutiques. In: Business of Fashion, 2018 (https://www.businessoffashion.com/articles/fashion-tech/chanel-strikes-farfetch-deal-to-augment-boutiques). Abgerufen am 20.10.2020.

Kapferer, J. N.; Bastien, V. (2012): The Luxury Strategy. Break the Rules of Marketing to Build Luxury Brands. 2nd ed., London : Kogan Page.

Kapferer, J.-N. (2015): Kapferer on Luxury. How Luxury Brands Can Grow Yet Remain Rare. London : Kogan Page.

König, V.; Burmann, C. (2012): Einführung zur identitätsbasierten Luxusmarkenführung. In: Burmann, C.; König, V.; Meurer, J. (Hg.): Identitätsbasierte Luxusmarkenführung. Wiesbaden : Springer, S. 3-12.

Lagerfeld, K.; Mauriès, P. (2018): Chandel. Karl Lagerfeld - die Kampagnen. München : Prestel.

Manninger, K. (2012): Herausforderung „Multi-Channel-Management" – Luxusvermarktung im Spannungsfeld traditioneller Kanäle und digitaler Revolution. In: Burmann, C.; König, V.; Meurer, J. (Hg.): Identitätsbasierte Luxusmarkenführung. Wiesbaden : Springer, S. 237-257.

McKinsey & Company (Hrsg.) (2015): Digital Inside: Get wired for the Ultimate Luxury Experience (https://www.mckinsey.com/business-functions/marketing-and-sales/our-insights/digital-inside-get-wired-for-the-ultimate-luxury-experience). Abgerufen am 20.10.2020.

Meurer, J.; Hirschsteiner, S. (2012): The Art of Luxury Experience – Customer Experience Management zur erfolgreichen Umsetzung von Luxusmarkenerlebnissen. In: Burmann, C.; König, V.; Meurer, J. (Hg.): Identitätsbasierte Luxusmarkenführung. Wiesbaden : Springer, S. 201-220.

Nueno, J. L.; Quelch, J. A. (1998): The Mass Marketing of Luxury. In: Business Horizons, 41. (1998), Nr. 6, S. 61.

Okonkwo, U. (2009): Sustaining the Luxury Brand on the Internet. In: Journal of Brand Management, 16. (2009), Nr. 5-6, S. 302-310.

Rotar, A. (2020): eCommerce Report 2020 - Fashion. Statista Digital Market Outlook – Segment Report (https://de.statista.com/statistik/studie/id/38321/dokument/ecommerce-report-fashion/). Abgerufen am 20.10.2020.

Sherman, L. (2017): Decoding Chanel's Gen-Z Strategy. (https://www.businessoffashion.com/articles/professional/decoding-chanels-gen-z-strategy). Abgerufen am 20.10.2020.

Sherman, L. (2019): Chanel's Digital Strategy Takes Shape Amid Executive Shuffle. (https://www.businessoffashion.com/articles/professional/chanels-digital-strategy-takes-shape-amid-executive-shuffle). Abgerufen am 20.10.2020.

Sherman, L. (2020): The Next Wave of Luxury E-Commerce (https://www.businessof-fashion.com/professional/resources/case-study/the-next-wave-of-luxury-e-commerce). Abgerufen am 20.10.2020.

Solca, L. (2018): The Paradox That Makes Chanel a Powerhouse. (https://www.businessoffashion.com/articles/professional/the-paradox-that-makes-chanel-a-powerhouse). Abgerufen am 20.10.2020.

Thielsch, M. T.; Weltzin, S. (2012): Online Befragungen in der Praxis. In: Brandenburg, T.; Thielsch, M. T. (Hg.): Praxis der Wirtschaftspsychologie II. Münster : MV Wissenschaft, S. 110-127.

Valtin, A. (2005): Der Wert von Luxusmarken. Determinanten des konsumentenorientierten Markenwerts und Implikationen für das Luxusmarkenmanagement. Wiesbaden : Universität Mannheim (Schriftenreihe des IMU, Universität Mannheim).

White, S.; Denis, P. (2017): Online sales? Maybe one day, says Chanel. (https://www.reuters.com/article/us-chanel-internet/online-sales-maybe-one-day-says-chanel-idUSKBN1DO2BB). Abgerufen am 20.10.2020.

Williams, R. (2019): Karl's "Bad Cold" and The Future of Chanel. In: Bloomberg Businessweek (2019), Nr. 4602, S. 18-19.

Wyrwa, U. (2003): Luxus und Konsum. Begriffgeschichtliche Aspekte. Münster : Waxmann.

Die Autoren

Frau Lina Holthaus schloss 2019 ihr Studium in Global Brand and Fashion Management an der International School of Management in Köln ab und verfolgt derzeit ihre weitere berufliche Laufbahn.

Prof. Dr. Carmen Horn studierte Betriebswirtschaftslehre an der Universität zu Köln. Sie promovierte an der Universität zu Köln und an der Universität Hamburg im Fach Marketing mit dem Schwerpunkt Instrumente der Verkaufsförderung. Sie arbeitete für ein strategisches Beratungsunternehmen, bevor sie 2015 als Professorin für Marketing und Markenmanagement an die International School of Management (ISM) kam. Außerdem ist sie Campusleiterin an der ISM Köln.

Prof. Dr. Jens K. Perret studierte Wirtschaftsmathematik und Wirtschaftswissenschaft an der Bergischen Universität Wuppertal. Er promovierte an der Bergischen Universität Wuppertal im Fach Volkswirtschaftslehre über die Wissensgesellschaft in Russland. Mehr als ein Jahrzehnt arbeitete Herr Perret am Europäischen Institut für Internationale Wirtschaftsbeziehungen und am Lehrstuhl für Makroökonomische Theorie und Politik an der Bergischen Universität Wuppertal. Er war Dozent an der Technischen Universität Kaliningrad. Seit September 2016 hat er eine Professur für Volkswirtschaftslehre und Statistik an der International School of Management in Köln inne.

Holthaus, Lina; Horn, Carmen; Perret, Jens K.:
E-Commerce im Luxusmarkensegment – Die Sicht deutscher Kundinnen am Beispiel Chanel

International School of Management

Die International School of Management (ISM) zählt zu den führenden privaten Wirtschaftshochschulen in Deutschland. In den einschlägigen Hochschulrankings rangiert die ISM regelmäßig an vorderster Stelle.

Die ISM hat Standorte in Dortmund, Frankfurt/Main, München, Hamburg, Köln, Stuttgart und Berlin. An der staatlich anerkannten, privaten Hochschule in gemeinnütziger Trägerschaft wird der Führungsnachwuchs für international orientierte Wirtschaftsunternehmen in kompakten, anwendungsbezogenen Studiengängen ausgebildet. Alle Studiengänge der ISM zeichnen sich durch Internationalität und hohe Lehrqualität aus. Projekte in Kleingruppen gehören ebenso zum Hochschulalltag wie integrierte Auslandssemester und -module an einer der rund 190 Partneruniversitäten der ISM.

Mit dem ISM Working Paper werden Ergebnisse von Arbeiten präsentiert, wie z. B. Thesen, Ergebnisse aus Workshops oder aus eigenen Forschungsarbeiten. Ähnlich wie beim Research Journal for Applied Management, das ebenfalls zu den neuen ISM Publikationsreihen gehört, werden die Beiträge im ISM Working Paper einem fachlichen Bewertungsverfahren (Peer Review) unterzogen.

In der Reihe „Working Paper" bisher erschienen:

No. 1   Brock, Stephan; Antretter, Torben: Kapitalkostenermittlung als
               Grauzone wertorientierter Unternehmensführung, 2014

No. 2   Ohlwein, Martin: Die Prüfung der globalen Güte eines Kausal-
               modells auf Stabilität mit Hilfe eines
               nichtparametrischen Bootstrap-Algorithmus, 2015

No. 3   Lütke Entrup, Matthias; Simmert, Diethard B.; Tegethoff, Caro-
               lin: Die Entwicklung des Working Capital in Private Equity Port-
               foliounternehmen, 2017

No. 4   Ohlwein, Martin: Kultur- vs. regionenbezogene Abgrenzung von
               Ländergruppen. Eine clusteranalytische Untersuchung auf Basis
               der Kulturdimensionen nach Hofstede, 2017

No. 5   Lütke Entrup, Matthias; Simmert, Diethard B.; Caspari, Lisa: Die
               Performance von deutschen Portfoliounternehmen nach Pri-
               vate Equity Buyouts, 2017

No. 6   Brickau, Ralf A.; Cornelsen, Jasmin: The impact of visual sublimi-
               nal triggers at the point of sale on the consumers' willingsness to
               purchase – A critical investigation into gender differences, 2017

No. 7   Hampe, Lena; Rommel, Kai: Einflüsse von kognitiven Verzerrun-
               gen auf das Anlageverhalten deutscher Privataktionäre, 2017

No. 8   Brickau, Ralf A.; Röhricht, Joana: Archaische Gesten im POS-Mar-
               keting – Die Nutzung archaischer Gesten in der Display- und Pla-
               katwerbung, 2017

No. 9   Fontanari, M.; Kredinger, D.: Risiko- und Resilienzbewusstsein.
               Empirische Analysen und erste konzeptionelle Ansätze zur Stei-
               gerung der Resilienzfähigkeit von Regionen, 2017

No. 10   Schröder, C.; Weber, U.: Integration von Flüchtlingen in den Ar-
               beitsmarkt als Chance für Diversity Management: Einführung
               und ausgewählte Beispiele im Kreis Steinfurt, 2017

No. 11   Zimmermann, N. A.; Gericke, J.: Supply Chain Risiko-manage-
               ment – Analyse des Status Quo und neuer Entwicklungstenden-
               zen, 2018

Holthaus, Lina; Horn, Carmen; Perret, Jens K.:
E-Commerce im Luxusmarkensegment – Die Sicht deutscher Kundinnen am Beispiel Chanel

No. 12   Haberstock, P.; Weber, G.; Jägering, C.: Process of Digital Transformation in Medium-Sized Enterprises - an Applied Re-search Study, 2018

No. 13   Potaszkin, I.; Weber, U.; Groffmann, N.: „Die süße Alternative" Smart Health: Akzeptanz der Telemedizin bei Diabetikern, 2018

No. 14   Holthaus, L.; Horn, C.; Perret, J. K.: E-Commerce im Luxusmarkensegment – Die Sicht deutscher Kundinnen am Beispiel Chanel, 2020